Marion Hirschhausen

DREHFIGUREN UND FENSTERBILDER KUNTERBUNT

MIT VORLAGEN IN ORIGINALGRÖSSE

Brunnen-Reihe

D1668758

Christophorus-Verlag Freiburg

Hier ist was in Bewegung!

Inhalt

Meine bunten Fenster- und Drehbilder sollen Farbe und Bewegung in die Wohnung bringen. Ich habe sie so entworfen, daß sie schon von einem kleinen Lufthauch in leise Schwingungen versetzt werden. Vor allem Kinder sind von den beweglichen Drehbildern fasziniert, denn alles, was sich dreht und bewegt, weckt ihre Neugierde. Die lustigen Motive eignen sich deshalb besonders als Farbtupfer für das Kinderzimmer und den Kindergarten. Viele Motive – zum Beispiel die Elefanten und die Bären – können auch kleinere Kinder schon selbst anfertigen.

Mit einem selbstgearbeiteten Fenster- oder Drehbild können Sie nicht nur das eigene Heim verschönern, sondern auch anderen eine Freude bereiten – zum Geburtstag, zum Schulanfang oder einfach als kleines Mitbringsel. Wer schon geübt ist, kann sich gleich an die komplizierteren Arbeiten heranwagen; den Ungeübten rate ich erst einmal zu einfachen Motiven. Sobald das richtige Material vorhanden ist, kann es losgehen.

Ich wünsche Ihnen viel Spaß und gutes Gelingen!

Marion Hirschausen

Material und Hilfsmittel

Material
Tonkarton; Tonpapier; Regenbogen-Bunt-papier; Regenbogen-Tonpapier; Transparentpapier

Hilfsmittel
Cutter; eine große und eine kleine spitze Schere; weicher Bleistift; schwarzer und brauner Filzstift; Anspitzer; Radiergummi; Buntstifte; Lineal; Locher; Lochzange; flüssiger Klebstoff mit Spitze; Nadel und Nähgarn; feste Pappe oder eine Schneideunterlage aus dem Handel.

Tips und Hinweise

Das Schneiden mit dem Cutter
Cutter gibt es mit abbrechbarer oder auswechselbarer Klinge; ich empfehle die zweite Variante. Sie müssen die Klingen häufig auswechseln, um immmer saubere Schneideergebnisse zu erzielen.
Kinder sollten mit einer speziellen Kinderbastelschere arbeiten, die vorne abgerundet ist. Cutter gehören auf keinen Fall in die Hände von Kindern.

Das Schneiden mit der Schere
Außenränder oder größere Formen sollten nicht mit dem Cutter, sondern mit einer Schere geschnitten werden. Am besten nutzen Sie immer die gesamte Scherenlänge aus und setzen nicht zu oft neu an.
Wenn Spitzen ausgeschnitten werden, sollten Sie die Schere am besten immer von außen zur Mitte zeigend ansetzen.

Der Klebstoff
Tragen Sie den Klebstoff sehr sparsam auf; am besten verwenden Sie einen Klebstoff mit einem spitzen Auslaufröhrchen. Tragen Sie den Klebstoff immer etwas vom Rand entfernt auf, damit beim Zusammenpressen der Teile nichts herausquillt.

Das Aufhängen der Bilder
Am besten wählen Sie zum Verbinden der einzelnen Teile und zum Aufhängen des fertigen Motivs einen Faden in der Farbe des Tonkartons.

Für Kinder ist das Zusammennähen der einzelnen Motivteile nicht einfach. Sie verbinden die einzelnen Motive am besten mit einem Faden und einem vorher ausgestanzten Locherpünktchen. Dazu wird am oberen und unteren Rand der zu verbindenden Teile je ein Klebepunkt aufgesetzt, danach das Fadenende aufgelegt und zum Schluß der gestanzte Tonkartonpunkt aufgedrückt.

Die Unterlage
Als Schneideunterlage eignet sich fester Karton oder auch eine spezielle Unterlage, die der Handel in unterschiedlichen Preisklassen anbietet.

Das Übertragen der Vorlagen
Alle Motive sind in Originalgröße auf dem Vorlagenbogen abgebildet. Für die Farbauswahl sollte immer der eigene Geschmack ausschlaggebend sein; die von mir gewählten Farben sind nur Vorschläge. Legen Sie Transparentpapier auf den Vorlagenbogen und pausen Sie das Motiv mit einem weichen Bleistift ab. Beachten Sie dabei die Umriß-, Schnitt- und Faltlinien. Danach legen Sie das Transparentpapier mit der Zeichnung nach unten auf Tonpapier oder -karton und pausen die Formen mit einem HB-Bleistift durch.

Das Anfertigen von Schablonen
Am besten fertigen Sie sich eine Schablone an, die Sie später immer wieder benützen können. Diese Vorgehensweise ist besonders dann hilfreich, wenn ein Motiv gleich mehrmals gestaltet werden soll. Legen Sie dazu Transparentpapier auf den Vorlagenbogen, und pausen Sie die gewünschte Form mit einem weichen Bleistift ab. Kleben Sie nun das Blatt mit der Zeichnung auf ein Stück Karton, und tragen Sie dabei den Klebstoff dünn am Rand auf. Schneiden Sie die Form nach dem Trocknen des Klebstoffs sauber aus. Halten Sie die Schablone beim Ausschneiden gut fest, damit ein Verrutschen vermieden wird.

Anschließend führen Sie mit Hilfe der Schablone die weiteren Schneidearbeiten aus. Für alle Motive, die frei im Raum hängen sollen, können die notwendigen Teile gleich doppelt gearbeitet werden.

Elefanten

(Abbildung siehe 2. Umschlagseite)

Material und Hilfsmittel
Tonkarton: gelb, blau, grün, rot; Bleistift und Transparentpapier zum Übertragen der Vorlagen; evtl. Filzstift; Locher; Cutter oder Schere; Nadel und Faden

Ausführung
Alle Motive vom Vorlagenbogen auf den Tonkarton übertragen und mit dem Cutter oder der Schere ausschneiden. Die Ohrformen entweder sorgfältig mit dem Cutter herausheben oder mit einem Filzstift aufmalen. Die Augen mit dem Locher ausstanzen.

Die kleinen Elefanten an dem Bauch und an den Beinen des großen Elefanten festnähen und zum Schluß einen Aufhängefaden anbringen.

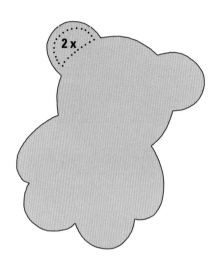

2 x

Bär und Bärchen

Material und Hilfsmittel

Tonkarton: orange, gelb, braun, schwarz; Tonpapier: hellorange, gelb; Bleistift und Transparentpapier zum Übertragen der Vorlagen; Filzstift; Klebstoff; Cutter oder Schere; Nadel und Faden

Ausführung

Die Grundformen der beiden Bären übertragen, dabei den großen Bären aus Tonkarton und den kleinen Bären aus Tonpapier ausschneiden.

Alle weiteren Motive vom Vorlagenbogen übertragen; dabei die Innenteile der Ohren, die Arme, die Füße und Fußsohlen und die Augen gleich doppelt ausschneiden.

Zuerst die Arme aufkleben, damit sich der anschließend angesetzte Kopf etwas abhebt. Danach die Füße und die Fußsohlen aufkleben, und die Köpfe vervollständigen. Das Schnäuzchen und die Augen des kleinen Bären mit einem Filzstift aufmalen und den kleinen Bären oberhalb des Fußes des großen Bären fixieren.

Zum Schluß einen Aufhängefaden am Fensterbild anbringen.

Auto-Trio

Material und Hilfsmittel
Tonkarton: gelb, grün, blau; Bleistift und Transparentpapier zum Übertragen der Vorlagen; Cutter oder Schere; Nadel und Faden; evtl. Filzstift

Ausführung
Die Formen der drei Autos vom Vorlagenbogen auf den Tonkarton übertragen.

Zuerst die inneren Linien sorgfältig mit dem Cutter herausschneiden. Kleinere Kinder können die Linien mit einem Filzstift aufmalen.
Nun die drei Autos mit dem Messer oder der Schere ausschneiden.
Zum Schluß die drei fertigen Motive zusammennähen und einen Aufhängefaden anbringen.

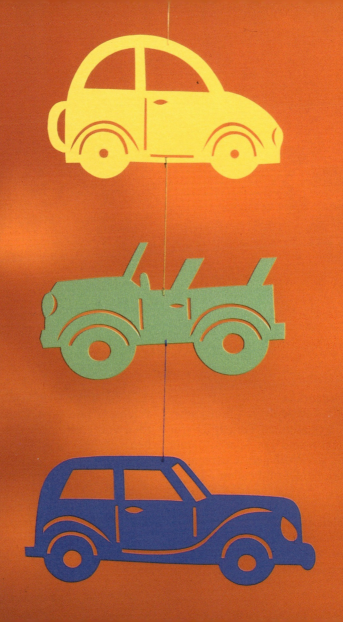

Bleistift und Zahlen

Material und Hilfsmittel
Tonkarton: gelb; Regenbogen-Buntpapier (für den Stift); Regenbogen-Tonpapier (für die Zahlen); Bleistift und Transparentpapier zum Übertragen der Vorlagen; Cutter oder Schere; Klebstoff; Nadel und Faden

Ausführung
Die Form des Bleistifts vom Vorlagenbogen auf den gelben Tonkarton übertragen und ausschneiden.
Das Regenbogen-Buntpapier doppelt legen und die Innenformen für den Bleistift aufzeichnen und ausschneiden. Die Innenformen vorne und hinten auf den Stift aufkleben.
Die Motive der Zahlen auf Regenbogen-Tonpapier übertragen und ausscheiden. Die Zahlen wie aus der Abbildung ersichtlich mit einem Nähfaden verbinden und am unteren Stiftrand annähen.
Am oberen Stiftrand zwei Aufhängefäden anbringen und oben miteinander verknoten.

Mutter Gans und ihre Kinder

Material und Hilfsmittel
Tonkarton: weiß, gelb; Regenbogen-Buntpapier; Bleistift und Transparentpapier zum Übertragen der Vorlagen; Filzstift; Cutter oder Schere; Klebstoff; Nadel und Faden

Ausführung
Die Grundform der Gänsemutter vom Vorlagenbogen auf weißen Tonkarton übertragen und ausschneiden. Die Füße, die Flügel und den Schnabel jeweils zweimal aus Regenbogen-Buntpapier ausschneiden und aufkleben.

Die Formen der Gänsekinder auf gelben Tonkarton übertragen und ausschneiden. Die Schnäbel, Füße und Flügel aus doppelt gelegtem Regenbogen-Buntpapier arbeiten und an den entsprechenden Stellen mit wenig Klebstoff fixieren.

Die Gänsekinder mit Hilfe von Nadel und Faden am Körper der Mutter befestigen und zum Schluß einen Aufhängefaden befestigen.

Hühnerfamilie

Material und Hilfsmittel
Tonkarton: weiß; Tonpapier: weiß (für die Flügel und die Augen); Regenbogen-Buntpapier; Bleistift und Transparentpapier zum Übertragen der Vorlagen; Cutter oder Schere; Klebstoff; Lochzange; Nadel und Faden

Ausführung
Die Grundformen der drei Vögel auf Tonkarton übertragen und ausschneiden. Die Flügel und die großen Motivteile der Augen auf doppelt gelegtes Tonpapier aufzeichnen und ausschneiden.

Nun alle Innenteile auf doppelt gelegtes Regenbogen-Buntpapier aufzeichnen, danach ausschneiden und von hinten und vorn auf drei Grundformen kleben.
Die Flügelmitte zweimal auf doppelt gelegtes Regenbogen-Buntpapier zeichnen, ausschneiden und auf die Flügel kleben. Die Flügel am Körper fixieren.
Die bereits geschnittenen Augenformen auf die großen Körper kleben, mit der Lochzange kleine Augenformen stanzen und auf die drei Tiere verteilt aufkleben.
Die Hühnerfamilie mit einem Nähfaden verbinden und einen Faden zum Aufhängen anbringen.

15

Fische

Material und Hilfsmittel
Tonkarton: grün, blau, gelb, weiß (Rest), schwarz (Rest); Regenbogen-Buntpapier; Bleistift und Transparentpapier zum Übertragen der Vorlagen; Cutter oder Schere; Locher; Klebstoff; Nadel und Faden

Ausführung
Die Vorlage für den großen Fisch einmal, die Vorlage für den kleinen Fisch dreimal und die Vorlage für die Schuppe zwölfmal auf Tonkarton übertragen und ausschneiden.
Das Regenbogen-Buntpapier doppelt legen und die Innenform der kleinen Fische aufzeichnen und ausschneiden. Ein weiteres Regenbogen-Buntpapier doppelt legen und die Innenform des großen Fisches und die

Innenteile der Schuppe aufzeichnen. Dabei die Farbe der Grund- und der Innenform so aufeinander abstimmen, daß ein Kontrast zwischen dunklen und hellen Farbtönen erkennbar wird. Anschließend alle Teile ausschneiden.
Alle Motivteile auf die entsprechende Grundform kleben. Die Schuppen gleichmäßig verteilen und auf dem großen Fisch fixieren.
Die beiden Augenteile für den großen Fisch zweimal ausschneiden und aufkleben. Mit dem Locher die kleinen Fischaugen ausstanzen und befestigen.
Die kleinen Fische wie aus der Abbildung ersichtlich an dem großen Fisch festnähen. Zum Schluß den Aufhängefaden anbringen.

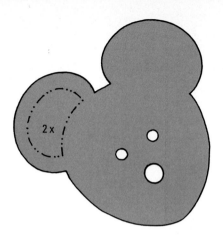

Katz und Maus

Material und Hilfsmittel
Tonkarton: dunkelgrau, hellgrau; Tonpapier: weiß, grün, rosa, schwarz, beige, hellgrau; Bleistift und Transparentpapier zum Übertragen der Vorlagen; Filzstift; Schere; Klebstoff; Nadel und Faden

Ausführung
Die Kopfform der Katze und der Maus auf Tonkarton übertragen und ausschneiden. Alle weiteren Motivteile für den Katzenkopf auf Tonpapier übertragen. Die Formen ausschneiden und der Abbildung entsprechend fixieren.
Danach die Motivteile für den Mäusekopf ausschneiden und aufkleben. Die Barthaare und das Schnäuzchen der Maus mit einem

schwarzen Filzstift aufmalen.
Nun die Spiralen arbeiten, durch die ein zusätzlicher Bewegungseffekt entsteht: Für den Katzenschwanz einen Kreis aus Tonkarton mit einem Durchmesser von 9 cm ausschneiden, für den Mäuseschwanz einen Kreis mit einem Durchmesser von 5 cm. Den Kreis für den Katzenschwanz so einschneiden, daß ein ungefähr 1 cm breiter Streifen entsteht; den Kreis für den Mäuseschwanz ca. 0,5 cm breit einschneiden.
Die Kopf- und die Schwanzteile der beiden Tiere mit der Hilfe von Nadel und Faden verbinden und zum Schluß jeweils einen Aufhängefaden anbringen.

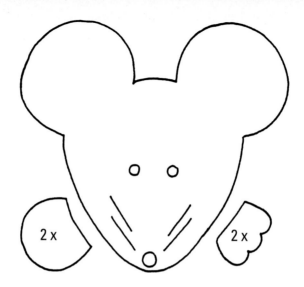

2 x

2 x

Tiere im Ballon

Material und Hilfsmittel
Tonkarton: blau, grün, gelb, rot, rosa, oran-
ge, hellbraun, dunkelbraun, grau; Bleistift
und Transparentpapier zum Übertragen der
Vorlagen; Filzstift: schwarz oder braun;
Klebstoff; Cutter oder Schere; Lochzange;
Nadel und Faden.

Ausführung
Die Vorlagen für den Fesselballon auf
Tonkarton übertragen. Alle notwendigen
Schneidearbeiten ausführen, die Löcher mit
der Lochzange stanzen. Danach die Vorlagen für die Tierköpfe übertragen. Dabei
die Vorlagen für die Hundeohren, die
Mäuseohren, die Bärenohren und die Pfoten
für alle Tiere gleich doppelt aufzeichnen.
Alle Motivteile ausschneiden. Bei dem
Bären und der Maus zuerst den Kopf wie
aus der Abbildung ersichtlich am Ballon befestigen und anschließend die Pfoten und
die Innenohrteile fixieren. Bei dem Hund
zuerst die Pfoten, danach den Kopf und
zum Schluß die Ohren aufkleben.
Die Gesichter mit braunem oder schwar-
zem Filzstift anmalen. Zum Schluß einen
Aufhängefaden anbringen.

Regenbogen-Vogel

Material und Hilfsmittel
Tonkarton: dunkelblau, hellblau, weiß;
Bleistift und Transparentpapier zum Über-
tragen der Vorlagen; Filzstift; Buntstifte;
Cutter oder Schere; Nadel und Faden

Ausführung
Alle Motivteile vom Vorlagenbogen auf den
Tonkarton übertragen und ausschneiden.
Die Regenbogenform auf beiden Seiten
kräftig mit den Buntstiften bemalen.
In die Form des Vogels die vorgegebene Linie
einschneiden. Schnabel und Auge aufmalen
und den Flügel einsetzen. Die Wolken bis
an die vorgegebene Linie einschneiden und
die Motivteile zusammenstecken.
An den Außenkanten der Wolken die zu-
sammengenähten Tropfenschnüre anbringen. Mit der Hilfe von Nadel und Faden die
Taube mit dem Regenbogen verbinden und
beide Teile am unteren Ende der Wolke
annähen. Zum Schluß einen Aufhängefaden anbringen.

Apfelschicksal

Material und Hilfsmittel
Tonkarton: gelb; Tonpapier: hellgrün, dunkelgrün, braun; Bleistift und Transparentpapier zum Übertragen der Vorlagen; Cutter oder Schere; Filzstift: braun und schwarz; Klebstoff, Nadel und Faden

Ausführung Apfel oben
Die Apfelschablone, den Stiel und das Blatt auf doppelt gelegtes Tonpapier übertragen. Die Blüte nur einmal aufzeichnen.
Alle Motivteile ausschneiden. Die Blüte zwischen die Apfelteile kleben. Den Stiel beidseitig aufkleben und das Blatt vorne und hinten am Stiel anbringen.
Mit dem Filzstift kleine Verzierungen malen.

Ausführung Apfel in der Mitte
Die äußere Apfelform und den Stiel auf doppelt gelegtes Tonpapier aufzeichnen. Den Innenteil des Apfels und die Blüte nur einmal vom Vorlagenbogen übertragen.
Die Blüte am Innenteil des Apfels fixieren, die beiden Außenteile von vorne und hinten gegenkleben.
Die Stielteile von außen befestigen und den Apfel mit Filzstift verzieren.

Ausführung Apfel unten
Den Mittelteil des Apfelmotivs auf Tonkarton, die oberen und unteren Apfelenden sowie den Stiel auf doppelt gelegtes Tonpapier übertragen und ausschneiden. Die Blüte einmal auf Tonpapier aufzeichnen, ausschneiden und an dem Mittelteil fixieren.
Das obere und das untere Apfelstück gegengleich oben und unten an das Mittelstück ansetzen und die Stielteile ankleben. Das Gehäuse mit Filzstift aufmalen.
Zum Schluß alle drei Äpfel mit Nadel und Faden verbinden und zum Schluß einen Aufhängefaden anbringen.

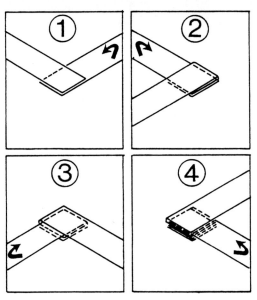

Apfel mit Wurm

Material und Hilfsmittel
Tonkarton: rot, gelb, grün, braun; Tonpapier: grün, gelb; Bleistift und Transparentpapier zum Übertragen der Vorlagen; Filzstift; Lineal; Cutter oder Schere; Klebstoff; Nadel und Faden

Ausführung
Alle Motivteile für den Apfel auf doppelt gelegtes Tonpapier übertragen und ausschneiden. Den Stiel zwischen die beiden Apfelteile kleben, die Blätter ansetzen und die halbmondförmigen Motive festkleben.

Zwei Hexentreppen aus zwei 30 cm langen Tonkarton-Streifen für den Wurm arbeiten (siehe Skizze). Danach die beiden Hexentreppen am Apfel so ansetzen, daß der Wurm durch den Apfel zu kriechen scheint. Die Enden der beiden Hexentreppen hängen nun in der Luft, sie können mit einem kleinen Klebstoffpunkt leicht an die Apfelform angedrückt werden.
An einem Wurmteil den Kreis für den Kopf (1,5 cm Ø) festkleben und das Gesicht aufmalen. Mit einem Aufhängefaden versehen ist das Motiv fertiggestellt.

Apfel im Apfel

Material und Hilfsmittel
Tonkarton: rot, braun, grün; Tonpapier: braun, rot; Bleistift und Transparentpapier zum Übertragen der Vorlagen; Klebstoff; Cutter oder Schere; Nadel und Faden

Ausführung
Die große Apfelschablone, die Stiele, die Blätter und die Blüten auf Tonkarton übertragen.
Die kleine Apfelform viermal auf Tonpapier aufzeichnen. Alle Teile ausschneiden. Die Blüte, den Stiel und das Blatt an die große Apfelform kleben.
Die vier kleinen Apfelteile übereinanderlegen und auf der Mittellinie mit kleinen Stichen zusammennähen. Mit dem Rest des Fadens den kleinen Apfel gleich in der Mitte des großen Apfels festnähen und etwas auffächern.
Stiel, Blatt und Blüte an den entsprechenden Stellen des kleinen Apfels fixieren und das fertige Motiv mit einem Aufhängefaden versehen.

Weihnachtsmänner

Material und Hilfsmittel
Tonkarton: rot; Tonpapier: weiß; Bleistift und Transparentpapier zum Übertragen der Vorlagen; Cutter oder Schere; Lochzange; Klebstoff; Nadel und Faden; evtl. Filzstift

Ausführung
Die einzelnen Motivteile für den Weihnachtsmann auf Tonkarton übertragen und ausschneiden. Die Bärte auf doppelt gelegtes Tonpapier aufzeichnen und ausschnei-

den. Die ausgeschnittenen Bärte beidseitig aufkleben; dabei darauf achten, daß Bart und Körper an den Endspitzen genau aufeinanderpasssen.
Die Mundformen schneiden oder aufmalen. Augen und Nasen mit der Lochzange stanzen.
Die drei Weihnachtsmänner der Abbildung entsprechend miteinander verbinden und zum Schluß einen Aufhängefaden anbringen.

CHRISTOPHORUS FREIZEIT KREATIV

DAS SIND UNSERE BELIEBTEN UND ERFOLGREICHEN REIHEN:

BASTEL-, SPIEL- & WERKBÜCHER

KUNSTWERKSTATT SEIDE

HOBBY UND WERKEN

BRUNNEN-REIHE

KOMPAKTKURSE MALEN UND ZEICHNEN

SEIDENMALEREI – SO GEHT'S

AQUARELLMALEREI – SO GEHT'S

KLEINE MALSCHULE

EDITION ZWEIGART (TEXTILPROGRAMM)

COATS MEZ EDITION (TEXTILPROGRAMM)

Lernen Sie diese Bücher kennen.
So einfach ist es: Schicken Sie eine Postkarte an den

CHRISTOPHORUS-VERLAG,
Hermann-Herder-Straße 4, 79104 Freiburg

Oder rufen Sie uns an: Telefon 0761/271 72 68
Fax 0761/271 73 52

Unser Katalog kommt postwendend.

© 1995 Christophorus-Verlag GmbH
Freiburg im Breisgau

Alle Rechte vorbehalten –
Printed in Germany
ISBN 3-419-55769-8

Styling und Fotos: Peter Nielsen, Umkirch
Reinzeichnungen: Uwe Stohrer, Norsingen
Umschlaggestaltung: Michael Wiesinger
Satz und Litho: Printproduction, Umkirch
Herstellung: Freiburger Graphische Betriebe, 1995